Gonglu Gongcheng Waiguan Zhiliang Kongzhi Shouce

公路工程外观质量控制手册

中国公路工程咨询集团有限公司
海南省中线高速公路屯昌至琼中段项目组 编著

人民交通出版社股份有限公司
China Communications Press Co.,Ltd.

内 容 提 要

本手册依据国家及交通运输部颁布的现行技术规范、评定标准，参照海南省公路工程施工标准化指南，结合作者以往公路工程施工先进经验进行编制，从工程外观质量的评判标准及施工工艺控制措施两个方面以图文并茂的形式进行阐述，形象鲜明，层次清晰，实用性强，对工程外观质量管控具有一定的指导作用。

本手册适用于各等级公路工程外观质量的控制和管理。

图书在版编目（CIP）数据

公路工程外观质量控制手册／中国公路工程咨询集团有限公司，海南省中线高速公路屯昌至琼中段项目组编著.—北京：人民交通出版社股份有限公司，2018.4

ISBN 978-7-114-14648-0

Ⅰ.①公… Ⅱ.①中… ②海… Ⅲ.①道路工程—工程施工—质量控制—手册 Ⅳ.①U415.1-62

中国版本图书馆CIP数据核字(2018)第067232号

书　　名：公路工程外观质量控制手册

著 作 者：中国公路工程咨询集团有限公司
海南省中线高速公路屯昌至琼中段项目组

责任编辑：王　丹

责任校对：刘　芹

责任印制：张　凯

出版发行：人民交通出版社股份有限公司

地　　址：(100011)北京市朝阳区安定门外外馆斜街3号

网　　址：http://www.ccpress.com.cn

销售电话：(010)59757973

总 经 销：人民交通出版社股份有限公司发行部

经　　销：各地新华书店

印　　刷：北京鑫正大印刷有限公司

开　　本：787×1092　1/16

印　　张：2.75

字　　数：44千

版　　次：2018年4月　第1版

印　　次：2018年4月　第1次印刷

书　　号：ISBN 978-7-114-14648-0

定　　价：60.00元

（有印刷、装订质量问题的图书由本公司负责调换）

《公路工程外观质量控制手册》编委会

主　编：赵晓峰

副主编：汪劭祎　汪祥立

编　委：吴勇木　林水荣　白希平　郑传昌

宋　奇　王　健　赵爱芹　符太娜

前言

PREFACE

公路工程外观质量控制是工程质量管理的重要内容,是工程交工验收的必备条件,是推进品质工程建设的重要保证。公路工程外观质量的影响因素较多、施工工艺专业性强,目前行业内尚未对相对应的外观质量控制措施做系统性的论述。

为了提升公路工程外观质量,规范工程外观质量的施工管理及工艺控制措施,确保各项工程质量均达到内实外美的目标,笔者根据国家及交通运输部颁布的现行技术规范、评定标准,并参照海南省公路工程施工标准化指南,结合以往公路工程施工先进经验,系统性地编写了工程外观质量评判标准及施工工艺控制措施,为公路工程外观质量管控提供指导。

本手册共分为4个部分,首先简要介绍了本手册的编制依据,随后从工程外观质量的评判标准及施工工艺控制措施两个方面,以图文并茂的形式进行阐述,形象鲜明,层次清晰,实用性强,为工程规范化施工提供了指导。

由于编者水平有限,疏漏和错误在所难免,恳请广大读者批评指正。

编　者

2016年3月

目录

CONTENTS

1　总则

（1）为了提升公路工程外观质量，规范工程外观质量的施工管理及工艺控制，编制本手册。

（2）本手册主要依据国家、交通运输部等颁布的有关法律法规、技术标准，以及以往公路工程施工先进经验编制。

（3）本手册适用于各等级公路工程外观质量的控制和管理。

2 编制依据

本手册在编写过程中主要依据和参考了以下文件、标准和指南：

（1）公路工程建设标准强制性条文；《公路工程质量管理办法》《公路建设市场管理办法》《建设工程质量管理条例》。

（2）《公路工程质量检验评定标准 第一册 土建工程》（JTG F80/1—2017）。

（3）《海南省重点公路项目工程建设标准化管理手册》（海南省交通运输厅 2015 年 10 月）。

（4）国家及交通运输部颁布的现行路基、路面、桥涵、隧道等施工技术规范、规程、指南等。

3　外观质量控制标准与施工工艺控制措施

3.1　路基土石方工程

3.1.1　外观质量控制标准

(1)路基表面平整、边线直顺、曲线圆滑,不得出现折线。

(2)路基边坡坡面平顺、稳定,曲线圆滑,不得出现亏坡。

(3)石方路基上边坡不得有松石。

(4)取土坑、弃土堆、护坡道、碎落台的位置应适当,外形整齐、美观,防止水土流失。

(5)路基土石方工程样板图,如图3-1~图3-8所示。

图3-1　路基曲线圆滑,无折线

图3-2　填方路基密实平整、路拱横坡顺适

图3-3　施工规范,过程控制到位,填石路堤平整密实

图3-4　首先采用羊足压路机碾压至密实,再用光轮压路机碾压收面

图 3-5 碾压施工时进行实时监测，严格控制沉降差，确保石方路基填筑质量

图 3-6 填方路基分段(幅)施工交界处按分层填土厚度开挖台阶

图 3-7 涵台背碾压，当填料含水率偏低时，经洒水焖料再碾压，保证填筑密实

图 3-8 涵台背路基回填平整密实

3.1.2 施工工艺控制措施

(1)施工前的路基轮廓放样，是路基线形控制的关键因素。在路基施工前，应对原地面进行复测，核对或补充横断面。发现问题时，应进行处理。

(2)施工过程中，应保护好所有控制桩点，并及时恢复被破坏的桩点，防止在施工过程中因桩点缺失，影响线形控制。

(3)在施工过程中要经常性地检查、校核、纠正施工线形误差。

(4)在填方或挖方施工后期，路基高程接近设计高程，此时施工精度要求高，应加大和提高中桩、边桩的密度和精度。

(5)对于性质不同的填料，应水平分层、分段填筑，分层压实。同一水平路基的全宽应采用同一种材料，不得混合填筑，并且每一填筑层压实后的宽度不得小于设计宽度。

①对于填方路基，须分层填筑压实，每层表面平整，路拱合适，排水良好。

②施工临时排水系统应与设计排水系统结合，避免因冲刷边坡而使路基附近积水(图 3-9、图 3-10)。

③石方路堑的开挖应采用光面爆破法。

④在设定取土区内合理取土,不得在主线边坡处滥开滥挖。完工后应按要求对取土坑和弃土场进行修整,保持合理的几何外形。

图3-9 路基边缘设置拦水土埂,集水通过临时急流槽排除,起到防止雨水漫流冲刷边坡的作用

图3-10 完成的临时急流槽较牢固稳定,满足施工期内临时排水要求

3.2 路基防护、排水浆砌工程

3.2.1 外观质量控制标准

(1)砌体表面平整,砌缝完好、无开裂,勾缝平顺、无脱落。

(2)线形平顺,不得有折线。

(3)泄水孔坡度向外,无堵塞现象。

(4)沉降缝整齐垂直,缝宽上下一致,上下贯通。

(5)排水沟砌体内侧及沟底应平顺。

(6)路基防护、排水砌筑工程样板图,如图3-11~图3-18所示。

图3-11 筑模现浇水泥混凝土排水沟轮廓线形顺直,外形美观

图3-12 砌体排水沟平整密实,勾缝清晰

图 3-13　填石路堤码砌边坡，坡面平顺整齐

图 3-14　码砌边坡表面拱形骨架

图 3-15　覆土夯实修整后的边坡

图 3-16　骨架线条顺直，轮廓清晰，勾缝平整密实

图 3-17　拱形骨架齐整，线条顺直，造型美观大方，景观与周围环境相协调

图 3-18　混凝土挡土墙背面混凝土密实，轮廓线条直顺，棱角清晰

3.2.2　施工工艺控制措施

（1）砌体防护工程施工前，监理单位应对成型的路基边坡进行验收，符合要求后方可进行浆砌工程施工。

（2）施工单位在砌体大面积施工前，应进行首件砌体样板工程施工，首件工程经监理单位验收合格后，方可进行大面积施工。每个施工单位的每个砌体施工班组都必须实施首件制。

(3)砌体工程的线形主要依靠精确的施工放样来保证,施工单位应在施工前进行测量放样,并经监理单位专业监理工程师复测合格后方可进行施工。砌体施工时,必须挂线施工,同时应增加桩点的密度和精度。

(4)基坑开挖至设计高程时应留出5~10cm富余,由人工修整成型,确保边沟、排水沟的边坡平整、稳定,严禁贴坡。基坑开挖后,需进行沟底高程复测,确保沟底纵坡衔接平顺。

(5)砌体工程的石料应选用未风化、无污染的硬质石料,砌筑应紧密、错缝,严禁通缝、叠砌、贴砌和浮塞,勾缝应采用凹缝。

(6)砌体工程要求尽可能选用大小、形状相似的石料,尤其对于砌体表面石料,应将其平整的一面朝上,做到大面平整、美观。

(7)砌体工程要求在骨架施工时,预制块应与坡面紧贴,不得有空隙,并与相邻坡面平顺。

(8)砌体勾缝完成后应进行5~7d养护。

3.3 路面工程

3.3.1 外观质量控制标准

(1)沥青路面表面应平整密实,不得有泛油、松散、裂缝和明显离析等现象。

(2)搭接处应紧密、平顺,烫缝不应枯焦。

(3)沥青路面表面无明显碾压轮迹,平整度合格率应达到95%以上。

(4)混凝土路面接缝填筑应饱满密实,表面无明显脱皮、印痕、裂纹和缺边掉角等病害现象。

(5)面层与路缘石及其他构筑物应密贴接顺,不得有积水或漏水现象。

(6)路缘石应安砌稳固,顶面平整,缝宽均匀一致,勾缝密实,无杂物污染,线条直顺,曲线圆滑美观。

(7)路肩表面应平整密实,不积水;肩线应直顺,曲线圆滑。

(8)路面工程样板图,如图3-19~图3-26所示。

图3-19　垫层施工现场

图3-20　刚摊铺完成后的级配,表面平整,线形美观

图 3-21　支侧模施工的基层边缘密实,边线直顺

图 3-22　水泥稳定结构层终压后,及时铺设土工布

图 3-23　采用高压水枪冲洗下承层表面黏附的尘土或其他污染物

图 3-24　采用大功率鼓风机清理路面层间表面尘土

图 3-25　清理后的路面结构层

图 3-26　沥青面层整体美观,色泽协调

3.3.2　路面工程外观质量施工工艺控制

1)原材料控制

路面各结构层所用的原材料除应满足合同文件、设计图纸及标准规范的要求外,还应满足以下要求:

(1)对路面结构层所用碎石,施工单位应安排专业试验检测人员驻点跟踪检测,严格控制碎石的粒级、粒径、针片状颗粒含量、含泥量,以及筛网筛孔尺寸。

(2)碎石进场时,应严格按每批进行抽样检验,严格控制碎石粒径的均匀性,减小碎石每档粒径波动,当粒级粒径超出范围时,应立即发回重新过筛,符合要求才可使用。

(3)碎石加工必须采用三破工艺,对于沥青路面所用粗集料,还应通过水洗方法减少粉尘含量。

(4)沥青路面所用碎石石料场与沥青拌和楼的筛网网孔尺寸必须一致,确保有效控制成本和沥青混合料级配的稳定性。

2)沥青混合料拌和

(1)沥青混合料应严格按照批准的生产配合比进行拌和生产,拌和后的沥青混合料应均匀一致,无花白、离析和结团成块等现象。

(2)道路石油沥青混合料每盘的拌和周期一般不少于45s,其中干拌时间一般不少于5s;改性沥青混合料的拌和时间可适当延长,改性沥青SMA混合料拌和周期一般为60~70s。拌和时间应根据具体情况由试拌确定,确保沥青裹覆均匀和级配的均匀。

(3)严格控制沥青和集料的加热温度以及沥青混合料的出厂温度,集料温度应比沥青温度高10~15℃。

(4)生产添加纤维的沥青混合料时,纤维必须在混合料中充分分散、拌和均匀。拌和机应配备同步投料装置。松散的絮状纤维可与沥青同时或稍后喷入拌和锅,拌和时间宜延长5s以上。颗粒纤维可与粗集料同时加入,干拌5~10s。工程量很小时也可分装成塑料小包由人工直接投入拌和锅。

(5)混合料在运输过程中,运料车应采用厚苫布覆盖严密,苫布至少应下挂到车厢板的一半高度,卸料过程中仍继续覆盖,直到卸料结束。运料车车厢侧面应加装保温层,确保混合料温度稳定。

3)混合料摊铺控制

(1)在路面各结构层施工前,施工单位应严格按规定对下承层各项检验指标和平整度进行自检,监理工程师严格对其进行验收,特别是对下承层的平整度的验收。对于平整度验收不合格点必须进行处理,否则不得进行下一结构层施工。

(2)路面底基层、基层、沥青下面层摊铺、中面层桥头顺接处和桥面上下铺装层摊铺时,应采用钢丝引导控制高程的方式。钢丝为扭绕式,直径不小于6mm,钢丝拉力应大于800N,每10m设一钢丝支架。采用两台摊铺机实施摊铺施工时,其左右侧架设钢丝,中间采用测量放样高程控制点,摊铺机上安装横坡仪控制摊铺层横坡;后面摊铺机右侧架设钢丝,左侧在摊铺好的层面上走"雪橇"控制高程。

(3)中、上面层应采用非接触式平衡梁控制摊铺厚度,非接触式平衡梁的长度应满足平整度控制要求。两台摊铺机摊铺层的纵向热接缝,应采用斜接缝,避免出现缝痕。两台摊铺机前后距离不应超过6m。

(4)摊铺机作业方向应与路面车辆行驶方向一致,摊铺速度应控制在2~3m/min,可根据拌和机的产量、施工机械配套情况及摊铺厚度、摊铺宽度予以调整,做到缓慢、均匀、连续摊铺。每天仅在收工时停机一次。

4)混合料碾压控制

(1)应选择合理的压路机组合方式及碾压步骤。初压应在混合料不产生推移、开裂等情况下,尽量在较高温度下进行。初压一般采用双钢轮压路机;AC型混合料复压应采用轮胎压路机,SMA应采用双钢轮压路机;终压采用钢轮压路机。

(2)压路机应以慢而均匀的速度碾压,压路机的碾压速度严格按试验路确定的最佳速度控制。压路机的碾压路线及碾压方向不应突然改变而导致混合料推移。碾压区的长度应大体一致,两端的折返位置应随摊铺机前进而推进,横向不得在相同的断面上。

(3)SMA路面,碾压应遵循"紧跟、慢压、高频、低幅"的原则。若发现碾压有推移现象,应检查级配、油石比是否符合规定;若发现玛蹄脂上浮、石子压碎、棱角磨光等应停止碾压。

(4)沥青路面的施工必须接缝紧密、接缝平顺,不得产生明显的接缝离析。上、下层的接缝应至少错开150mm(热接缝)或300~400mm(冷接缝)。相邻两幅上、下层的横向接缝均应错位1m以上。接缝施工应用3m直尺检查,确保平整度符合要求。

5)路缘石安装控制

(1)路缘石预制严格按《海南省重点公路项目工程建设标准化管理手册》要求进行施工。

(2)路缘石检查。

路缘石安装前,应对运到施工现场的路缘石再次进行检查,应轻拿轻放,避免损坏,强度不合格、色泽不一致,表观存在掉边、角、蜂窝、麻面等现象的不得使用。

(3)路缘石运输。

按设计尺寸精确放样后,用运输车把路缘石从预制场运到安装地点进行安装。对路缘石预制件,在运输过程中,应轻拿轻放,避免损坏。运到施工现场的路缘石要及时安装,对于不能及时安装完毕的路缘石及其他材料,要沿基础一侧把路缘石依次摆放整齐,并做好成品保护。

(4)路缘石安装。

①对于砂浆垫层和勾缝砂浆,应严格按试验室给出的配比进行拌和,勾缝砂浆采用细砂,强度等级应满足施工图要求。砂浆垫层采用M7.5砂浆。

②统一采用坐浆法施工,垫层砂浆厚度应符合设计要求,不允许污染路缘石和路面。工人须按放线位置安装路缘石。安装前,要先将基础清理干净,并保持其湿润。安装时,先用线绳控制路缘石的直顺度,再用水平尺进行检查,合格后采用高强度等级的水泥砂浆进行勾缝。路缘石砌筑应平顺,相邻路缘石用10mm厚木条或塑料条控制,缝隙宽不应大于10mm,相邻路缘石的缝隙应封严且均匀一致,保证路缘石与路面无缝隙、不漏水。

③事先计算好每段路口路缘石块数，路缘石调整块应用机械切割成型。安装路缘石时，要与泄水槽的喇叭口、结构物圆滑地相接，线条直顺，曲线圆滑美观。

④路缘石的安装速度应能满足现场施工的需要，必须在上面层施工之前安装好。

⑤路缘石安装完毕后，应及时回填夯打密实路肩或中央分隔带后背的回填土。

⑥路缘石安装完毕后，必须再挂线，调整侧石至顺直、圆滑、平整，对侧石进行平面及高程检测，每10m检测一点，当平面及高程超过标准时应进行调整。

⑦场地清理：路缘石安装完毕后，及时对有污染的场地和路面进行清理。

（5）勾缝及养护。

勾缝前，先将侧石缝内的土及杂物剔除干净，并用水润湿，然后用符合设计要求的水泥砂浆灌缝填充密实后勾平，用弯面压子压成凹型。用软扫帚除去多余灰浆，并应适当洒水养护。

3.4 桥涵混凝土工程

3.4.1 外观质量控制标准

（1）混凝土表面平整，施工缝平顺，棱角线平直，无明显施工接缝，外露面色泽一致。

（2）蜂窝麻面面积不得超过该面面积的0.5%。

（3）混凝土表面不得出现非受力裂缝。

（4）任何混凝土构件表面应达到清水混凝土标准，不得有任何修饰。

（5）混凝土构件不得出现错台和漏浆。

（6）涵洞沉降缝缝宽应上下一致且垂直。

（7）防撞栏内外侧及顶面线形应直顺美观，浇筑节段间应平滑顺接，不得出现折线。

（8）梁板腹板表面不得出现水波纹；顶板表面混凝土平整密实；张拉槽四周棱角清晰，无蜂窝麻面；梁端部棱角清晰；底板色泽一致、平整密实，不得有裂纹。

（9）对施工临时预埋件或其他临时设施应彻底清除处理。

（10）桥涵结构物样板图，如图3-27～图3-39所示。

图3-27　墩柱、盖梁整体外观好，色泽均匀一致

图3-28　采用模板布施工的立柱表面平整密实，气孔少，墩柱颜色均匀

图 3-29　立柱模板接缝密贴、平顺,混凝土表面平整光洁

图 3-30　薄壁墩身表面平整光洁,棱角清晰

图 3-31　台帽正面线形顺直,棱角清晰

图 3-32　盖梁表面平整光洁,整体色泽一致

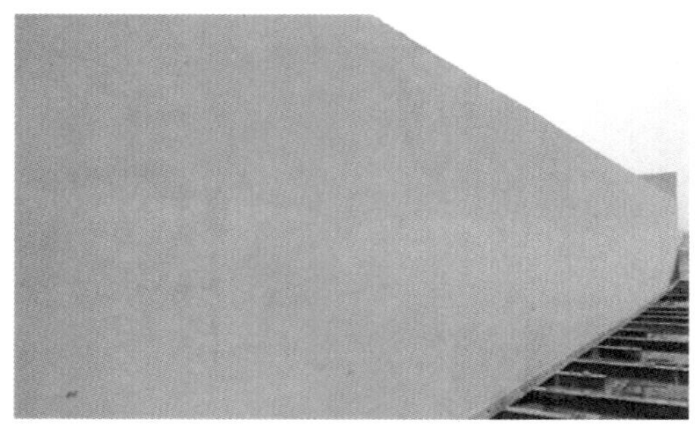

图 3-33　盖梁表面平整光洁

图 3-34　现浇箱梁外观好,整体线形顺直,棱角清晰

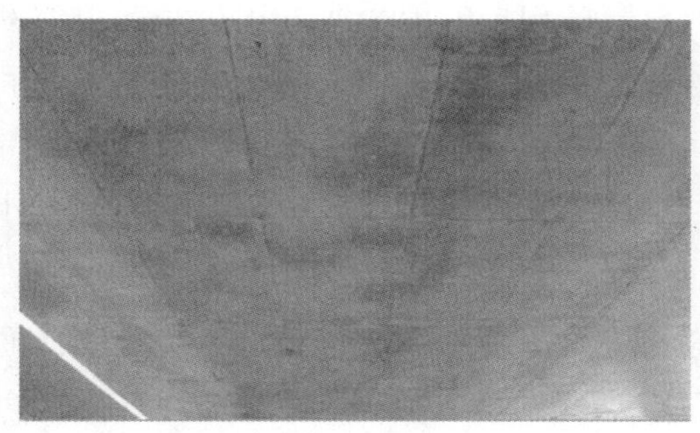

图 3-35　箱梁底板混凝土平整光洁,模板接缝平顺整齐

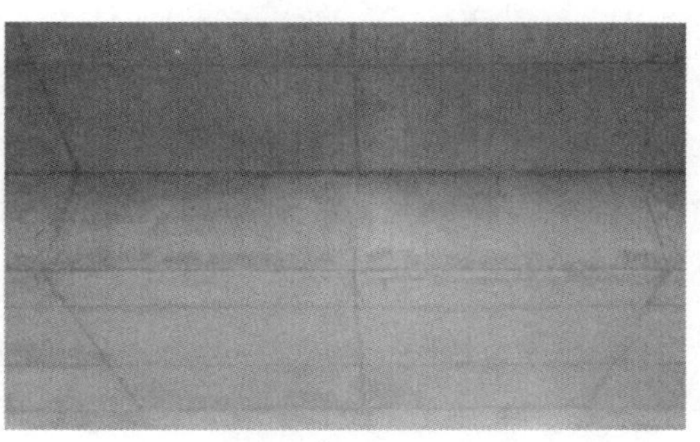

图 3-36　箱梁腹板上下倒角棱角清晰,无漏浆

图 3-37　预制梁翼板(凿毛效果)

图 3-38　防撞护栏拆模后即覆盖土工布保湿养护,完成的防撞护栏应线形平顺、整齐划一,色泽一致、无漏浆

图 3-39　桥面平整密实,横坡顺适

3.4.2　桥涵结构物混凝土工程外观质量施工工艺控制

1)模板制作安装质量控制

混凝土结构物的施工,能否达到工程整体美观的要求,首先取决于模板的质量。模板要求如下:

（1）桥梁墩柱、系梁、盖梁和预制梁、防撞护栏等结构物的模板应采用拼装式整体新钢模，钢板厚度不小于5mm，其中预制梁模板厚度不小于6mm，并应保证模板的局部和整体强度与刚度。桥涵台模板视桥涵台形式可采用组合定型钢模、木模或其他形式的模板（混凝土外露部分必须使用钢模），但原则上应采用大块模板（每块模板的面积不小于$1.2m^2$），以减少因模板接缝多易漏浆所产生的混凝土外观缺陷。

（2）无论自制还是外委加工的桥梁模板，施工单位都应加强对模板加工过程中的质量检查和加工完成后的试拼（如：结构尺寸、平整度、光洁度、刚度等），避免现场使用过程中遇到难以克服的缺陷和困难。

（3）施工单位应加强对模板的施工设计和配置工作，尽量将小块或“非标”模板配置在结构物的下部（隐蔽部位）。

（4）加固中的拉筋位置应先进行整体规划，确保横平竖直，间距均匀，应采用PVC塑料套管予以保护，混凝土拆模后将拉筋抽出，残留的孔洞用硬化后与结构混凝土颜色一致的砂浆填塞封闭，并及时用湿抹布擦去孔洞周围残留的砂浆。

（5）施工单位应根据规范要求结合实际情况科学掌握混凝土的拆模时间，严防拆模时间控制不当造成结构物缺边掉角等外观缺陷。

（6）施工单位应加强对模板的去污、除锈、防锈等维修保养。对模板应编号清楚、堆放有序，避免移运和存放过程中使模受损变形。

（7）施工单位必须购买和使用经实践证明效果良好的混凝土专用脱模剂，严禁使用废机油及其混合物等作为脱模剂，保证混凝土结构物外观色泽良好。

（8）施工单位应加强对模板使用过程中的维修保养。每次拆模后将其安放平稳，指派专人负责除锈去污和上油，之后用防雨布覆盖，以防雨、防尘和防锈。

2）混凝土浇筑工艺质量控制

（1）混凝土配合比优化方法。

①水泥及掺和料的用量控制。

施工单位在进行水泥混凝土混合料设计时应考虑掺加比表面积大、活性高的矿质混合料，以利于混凝土表面的自然光洁度。当混凝土在模内养护期较短而又要拆模后仍要求表面有较好的自然光泽，则可考虑采用比通常情况稍大或维持一定的水泥用量，对无外加剂的混凝土也可略微降低水灰比，但在任何情况下都不宜通过增大用水量（随意增大坍落度）来增大水泥用量。

②混凝土混合料砂率优化。

砂石集料含砂率除了与级配、孔隙率相关外，还与砂子的粗细程度（细度模数）相关。为了使砂达到均匀密实和充分改善混凝土拌和物和易性，宜将混凝土中的砂率略调高。在减水剂（水剂约在1%、粉剂约在1.5%）掺量不大的情况下，砂石含砂率较通常情况稍高 1% ~2%(如从原砂率 37% 提高到 38% ~39%,从原砂率 32% 提高到 33% ~34%),可使混凝土的浇捣塑性明显改善,混凝土成型后粗集料被砂浆包裹覆盖层厚度均匀,避免混凝土表面的"相料色差"现象。

③坍落度控制。

混凝土坍落度的控制是混凝土外观控制过程中最重要的环节,若要求混凝土拆模后混凝土外露面的色泽感一致,则要求混凝土坍落度一致。恰当地控制反映混凝土和易性指标的坍落度十分必要。若混凝土坍落度"大"(坍落度在 20cm 上下),则拌和物水泥含量多,混凝土外观光泽较好;若混凝土坍落度"小"(坍落度在 10cm 左右),则拌和物含水率小,易减少混凝土气泡的产生。一般情况下,混凝土拌和物的坍落度宜控制在 5 ~7cm、7 ~9cm、9 ~12cm、12 ~16cm。当对外观要求高时,坍落度通常可略减少 1 ~2cm,使混凝土拌和物较黏稠,提高振捣效果,有利于混凝土的外观质量。因此,通常将非泵送混凝土的 7 ~9cm 坍落度调整为(7 ±1)cm,泵送混凝土 12 ~16cm 坍落度调整为 11 ~14cm,并且在施工时,要求混凝土搅拌运送对混凝土坍落度波动严格按照上下限限差控制,以求混凝土的塑性稳定。

(2)混凝土的搅拌和运输。

混凝土搅拌必须达到三个基本要求,即计量准确、搅拌透彻、坍落度稳定,否则混凝土拌和物中必将出现水泥砂浆分布不匀或水泥浆分布不匀,使混凝土浇筑"先天不足",会在混凝土表面留下"胎记"色差,或振捣容易离析、泌水等非匀质现象。

①通常,水泥用量达 350kg/m^3 以上的混凝土,可称为富水泥混凝土。对于这类混凝土搅拌时间要适当延长,若采用滚筒式搅拌机,则搅拌时间宜控制为 1.5 ~2min,当掺有外加剂时,搅拌时间应增加 1min。

②混凝土搅拌要切实注意计量准确,包括砂石料表面含水率的测定,以便控制加水量。加水量既要按照配料单要求,又要顾及混凝土坍落度指标的稳定,加水量的多少最终受坍落度控制。坍落度的测定一是在混凝土拌和物出机后测定;二是在混凝土拌和物运抵浇筑现场,入模前测定。混凝土出搅拌机的坍落度应比运抵后的坍落度大一些,因混凝土拌和物的装运工具、运送距离及气温条件等因素,坍落度会有损失,为避免混凝土塑性材料均匀性在浇筑前的早期受损,混凝土最大坍落度损失不得超过 30%。

③在施工配料搅拌和运送作业上应确保混凝土达到工作和易性要求,即入模前测定的坍落度,必须符合试验室的配合比设计所确定的坍落度指标幅度范围。

④恰当的混凝土运送工具是混凝土搅拌车、汽车泵或泵输送导管,无泵送条件时可采用混凝土料斗装汽车运输和起吊料斗灌筑,运输距离不宜过长。任何情况下都不得采用拖拉机和汽车运输。

(3)混凝土浇铺和振捣。

强调浇与振并重，必须克服重视振捣、轻视浇铺的习惯。对混凝土不要早振，也不要迟振；不得欠振，也不要过振。

混凝土的浇振方法：

①分段分层、限时接茬。

混凝土的浇筑，无论是按从一端开始向另一端，或从中部开始向两端对称地浇筑，呈斜面层次、全断面而推进的浇筑方法，还是从下层向上一层，呈水平层次浇筑方法，都必须分段、分层地进行浇筑作业。

a. 所谓分段，是指混凝土灌筑进程范围的划分，如对长条形混凝土防撞墙，3 ~ 5m 为一段，对 T 梁、箱梁，10 ~ 15m 为一段。确定分段长度的原则：

在混凝土拌和物未初凝的可重塑时间内，应完成混凝土的分层拼茬和分段接茬，混凝土搅拌、运送能力是混凝土供料跟得上的保证。

根据混凝土浇筑时气温条件，防止混凝土浇捣面上水分挥发过多造成接茬不良。若发生混凝土拌和物表面失水而未初凝的“假凝”现象，可先用振捣棒振动，使其液化后再接茬浇筑。

b. 所谓分层，是指混凝土灌筑过程中，按断面处自下而上分次进行的混凝土虚铺厚度，40 ~ 50cm 一层为宜（约为振捣棒作用半径的 1.25 倍），每层混凝土依次、连续进行等厚浇铺。结构模板有斜角倒坡时，混凝土铺至内侧倒坡以下 5cm，留出坡顶，以便于排气泡。

c. 混凝土分段分层的后段与前段或上下层之间的浇筑（接茬）间隔时间，在常温气候条件下，以 2.5h 为宜。虽然水泥初凝时间不早于 45min，终凝时间不迟于 10h，但混凝土拌和物（不掺缓凝剂时）的初凝时间一般为 4h 左右，因为当水泥初凝时混凝土失去塑性，终凝时混凝土开始产生强度。

d. 如果在比初凝时间少 1h 的时间内拌和物接茬，振捣时透入下层混凝土 5 ~ 10cm 振捣，混凝土表面不会留下接茬痕迹。当超过了 3 ~ 4h，混凝土已经接近其初凝，或混凝土失水过多上下层间插捣困难，即使勉强振捣，混凝土中水泥（砂）浆的塑性差异过大，难于均匀分布，从而形成色差带或冷缝式色差；如果当下层混凝土已经失去塑性而达到完全初凝状态时混凝土接茬，则必然造成冷缝。

②浇前振后、切勿早振。

为达到混凝土均匀密实性，应前面浇后面振，切忌早振。早振会造成混凝土拌和物有流动现象，砂浆与集料分离或水泥砂浆泛出向低处满溢；再浇混凝土时，随着混凝土浇筑量的增加，混凝土液化面上升，则富水泥浆上浮，紧靠侧模面，形成色差带；若振捣时过振，则会出现水波纹似的云状或鳞状色斑。

a. 在本层混凝土厚度未铺足或本层混凝土浇铺不到位或两侧模之间未全范围铺满

(横向未到边,纵向不连贯),即混凝土拌和物层次不清、顺序零乱,往往出现中间高、两边低,或一边高、一边低的堆积和低洼现象。此时不应浇筑后急于振捣。

b. 对本层混凝土浇铺前沿临空部分,应等到下段混凝土浇铺衔接,才能进行振捣。

c. 对于防撞墙护栏等混凝土浇筑,无论采用斜面层次还是水平层次方法浇筑,切记对每层混凝土振捣作业时,始终保持"浇"与"振"前后相差一定距离,若浇铺长度为10m,则振捣长度为(10-1)m,即最前沿一段至少相当于振捣棒作用半径2倍范围内的混凝土,不得急于振捣,待下一段浇铺接茬后再振。

d. 振捣延时过长,混凝土易产生离析、泌水。离析状态较重,混凝土集料分离,显露砂石;离析状态较轻的,会出现泌水、砂线、砂斑。

③快插慢提、振速控制。

当振捣棒的棒头直径和振动频率一定,则施加于混凝土拌和物的振实力度,可以按每一点插棒位置的振捣时间或上提速度来定。

一是模内看得见的混凝土,以现场观察为准。混凝土振实特征表现为:混凝土已无显著沉落、表面呈现平坦,混凝土已不冒气泡,开始泛浆。

二是对能见度低或阴角部分,以快插慢提的速度为准。一般塑性混凝土采用通常插入式振捣棒,整个过程的累计振捣时间为25s左右,即按本层混凝土厚度做振捣动作:

a. "快插",用1~2s时间尽快插入后上下抽动2~3次,以助混凝土沉落稳定。

b. "振捣",振捣棒于插点不提动,用10s左右时间振捣。

c. "慢提",振捣棒往上提时慢速提动约用15s(即按每次3~5cm速度上提,每提一次停1~2s),振实并排气。振捣棒提得快了,则混凝土中的气泡排除效果不好。

(4)振捣作业注意事项。

①操作注意事项。

a. 振捣棒插点间距,最大不超过振捣棒作用半径的1.5倍。中型50振动棒通常控制为40cm等距离移动,便可防止漏振现象发生。如前后两根振捣棒工作,其距离一般为3~5m。

b. 要离开模板拼装缝20cm左右,因为拼缝处是容易渗水漏浆的薄弱环节。

c. 振捣棒作为混凝土的振捣工具,切莫用余振使混凝土流动,防止砂浆散失而影响均匀性。亦不得将振捣棒呈水平状态振捣,否则表面泛浆严重,导致产生层次(带状)色差。

振捣时间或速度,还与拌和物坍落度大小有关,如拌和物较稀时,可相应缩短振捣时间,减少抽动次数,防止过振,如当混凝土坍落度为7cm时振捣时间为25s,则5cm时振捣时间应为30s、9cm时振捣时间应为20s。

②局部控制。

对钢筋、预埋件密集的混凝土难于浇捣透彻的个别部分或地方,可更换成与混凝土强度和弹性模量基本一致的细石混凝土振捣。

(5)水泥混凝土结构物养护。

混凝土的养护是防治裂缝的关键,是保证混凝土外观质量的重要因素。

①混凝土的第一次养护时间应尽量提前,越早越好。特别是遇到干燥、大风、烈日暴晒的天气。

②第二次振捣后,对混凝土应及时养护,随抹随覆盖塑料薄膜,在不易覆盖塑料薄膜的部位喷洒养护剂进行养护。

③严禁在太阳直晒后裸露的混凝土上直接浇水养护,以防止由于温度骤降导致板面开裂。

④混凝土终凝后,对箱梁及小构件应采取自动喷淋养护,对桥梁墩柱、盖梁等现场结构物应采用滴灌装置进行养护,使混凝土表面处于湿润状态。养护时间不得少于7d(图3-40、图3-41)。

图3-40　对预制箱梁进行喷淋养生

图3-41　预制箱梁全覆盖喷淋养护

3.5 隧道混凝土工程

3.5.1 隧道二衬外观质量控制标准

(1)混凝土表面密实,每延米的隧道面积中蜂窝麻面和气泡面积不得超过0.5%。

(2)结构轮廓线条顺直美观,混凝土颜色均匀一致。

(3)施工缝平顺无错台。

(4)混凝土不得因施工养护不当产生裂缝。

(5)混凝土表面平整度不大于5mm。

(6)隧道工程样板图,如图3-42~图3-44所示。

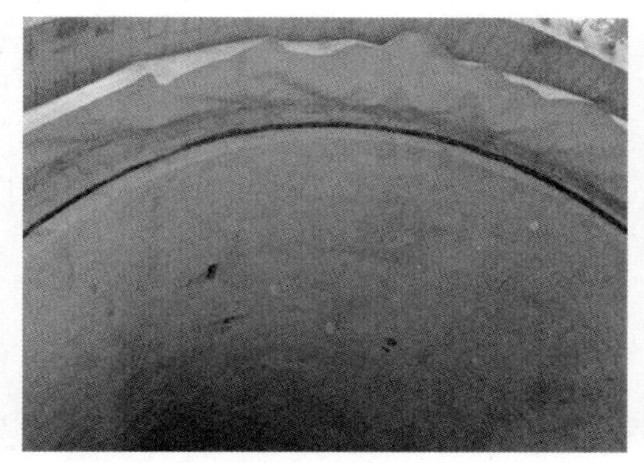

图 3-42　预埋止水带位置准确牢固,无松动破损病害

图 3-43　二衬混凝土接缝平顺,色泽一致

图 3-44　二衬混凝土表面无气孔、砂线外观缺陷

3.5.2　外观质量施工工艺控制

1)模板制作安装工艺控制

模板制作安装工艺控制同"桥涵结构物混凝土工程结构物模板安装质量控制"。

2)原材料及混凝土质量控制

(1)原材料。

施工单位及监理单位试验工程师应严格控制进场原材料的质量,原材料经检验合格后方可使用,特别是对地材和特种材料更要把好检验关。碎石宜采用反击破碎石,碎石生产过程中应严格控制筛孔尺寸,保证碎石的形状和级配。

(2)混凝土坍落度控制。

混凝土坍落度一般选 14～17cm,根据浇筑部位的不同,墙部混凝土坍落度宜小,拱部的宜稍大。在保证混凝土可泵性的情况下,宜尽量减小混凝土的坍落度,并提高混凝土的和易性、保水性,避免混凝土泌水。

(3)外掺剂(料)的选用。

施工单位在进行混凝土配合比设计时,应考虑适量掺加高效缓凝型减水剂或高性能聚羧酸外加剂,改善混凝土的和易性,增加其流动性,提高其扩散性。选择外加剂时,应选择含气量小、泌水率小、减水率高的外加剂。在衬砌混凝土中宜掺加粉煤灰,有利于提高混凝土的和易性、保水性和密实度。

(4)混凝土浇筑。

①浇筑顺序。

混凝土采用分层、左右侧交替对称浇筑,每层浇筑厚度不大于60cm。两侧高差控制在50cm以内。浇筑过程要连续,避免停歇造成"冷缝",间歇时间超过1.5h则按施工缝处理。

②两侧对称灌筑更替时间控制。

采取混凝土灌筑时间和灌筑高度两个指标进行双控,即单侧混凝土灌筑高度达1m时,必须换管;单侧混凝土灌筑间歇时间不超过混凝土的初凝时间。

③保证混凝土浇筑连续性的措施。

一是合理配置机械设备,储备充足的易损件,做到设备有用有备;加强对机械设备操作人员的现场培训和设备检修保养。

二是建立衬砌作业前的设备检查制度,设备有故障或能力不匹配,不得开盘。

④混凝土捣固。

专职捣固手定人定位,用插入式振动器捣固,以保证混凝土密实;起拱线以下辅以木锤模外敲振和捣固铲抽插捣固,以抑制混凝土表面气泡的产生。灌筑过程中严禁用振动棒拖拉混凝土。

⑤衬砌混凝土封顶。

封顶采用顶模中心封顶铝接输送管,逐渐压注混凝土封顶。当挡头板上观察孔有浆溢出,即标志封顶完成。

⑥拆模。

施工单位应严格按施工规范采用最后一盘封顶混凝土试件现场试压达到的强度来控制,模筑衬砌混凝土强度大于2.5MPa时拆模,不得提前拆模。

(5)衬砌混凝土施工作业中还应注意的几个工艺细节。

①混凝土输送管路布置。

接头管箍应连接牢靠,避免爆脱,管路用方木支垫高出地面,穿过台车时管箍不与台车构件直接接触。混凝土输送管路端部设置一根软管,软管管口至浇筑面垂距控制在1.5m以内,以避免混凝土产生离析。

②钢筋保护层厚度保证措施。

由于采用泵送混凝土，灌筑速度较快，钢筋变形较显著，容易造成拱部钢筋保护层减小，甚至造成露筋。因此，要保证拱部混凝土垫块有足够的强度并在灌筑过程中注意混凝土灌筑速度（图 3-45、图 3-46）。

图 3-45　安装成型的二衬钢筋骨架稳固整齐，线形圆顺

图 3-46　二衬钢筋与边墙钢筋连接平顺

③边墙反弧段混凝土表面气泡的控制。

在反弧段施工中，为控制混凝土表面气泡，主要采取以下三项措施：

一是掺加高效缓凝型减水剂（一般为水泥质量的 1%）和粉煤灰（一般为水泥质量的 15% 左右），以改善混凝土性能。

二是控制混凝土坍落度（一般取 14cm）。

三是捣固方法要得当，综合运用，可以减少反弧段气泡，有效改善衬砌混凝土表面质量。

④克服混凝土接缝错台的措施。

混凝土接缝错台是模筑衬砌外观质量的通病之一，但通过采取一些具体措施是可以克服的，墙面平整度偏差值完全可以控制在 3mm 之内，远小于规范中 20mm 的允许值。

a. 克服环形接缝处错台措施。

为克服环形接缝处错台，可采取以下措施：一是在台车就位前，将混凝土搭接部位及台车搭接部分表面彻底清理干净，使台车与混凝土表面尽量紧贴；二是加强台车支撑，将所有的支撑全部支撑到位，保证台车整体受力，台车两端边墙部位宜增加丝杠支撑；三是在台车前端端部拱顶增设竖向支撑（采用三个 30t 的千斤顶），以防台车上浮造成拱部错台；四是放慢边墙 3m 以下部位混凝土的灌筑速度（一般约 4h）和严格控制混凝土坍落度（一般在 14cm）；五是及时检查和消除台车两端断面尺寸误差；六是中线和高程要控制准确；七是保证台车模板与上一环混凝土的搭接长度为 10 ~ 15cm。

b. 克服台车模板板块拼缝处错台措施。

对模板板块拼缝进行焊联并将焊缝打磨平整，形成三块大模板（拱部一块、左右边墙各一块),以抑制使用过程中模板局部翘曲变形,避免板块拼缝处错台。

c. 控制台车作业窗处错台。

作业窗关闭前,必须将窗口边框混凝土浆液或残渣清理干净,并用湿抹布擦拭后锁紧压紧卡,并将关闭支点用楔形木塞紧,防止由于作业窗口关闭不严,造成窗口部位混凝土表面凹凸不平。

d. 克服漏浆措施。

环形接缝处漏浆处置措施:一是挡头板要厚实,可选用5cm厚木板制作,木模径向安装以适应端部尺寸的不规则性,在台车端部模板板肋处钻眼用槽钢和螺栓固定;二是台车钢模板与上一环混凝土表面的搭接长度以10~15cm为宜,不宜过大,否则搭接处不易密贴,从而造成漏浆;三是在搭接处混凝土表面粘贴海绵条止浆。

矮边墙顶面处混凝土接缝浆处置措施:一是矮边墙顶面与台车模板底边间的空隙用梯形木封堵密贴;二是混凝土开盘前先泵送同级砂浆,砂浆量以矮边墙上平铺2cm为宜,既可保证矮边墙同拱墙混凝土的连接,又可防止模板缝隙漏浆造成混凝土泛砂或暴露集料。

⑤克服混凝土表面花纹、颜色不一致的措施。

消除冷缝和减少不必要的施工缝。如上所述,混凝土要分层、左右侧交替对称浇筑,浇筑过程要连续,避免停歇造成"冷缝",并控制好两侧对称灌筑更替时间控制,避免形成不必要的施工缝。

采用监理单位或业主指定的脱模剂。涂刷要薄而匀,一次涂刷后,二次刷子不蘸油再均匀刷一遍。

3.6 环保绿化工程

3.6.1 外观质量控制标准

1)中央分隔带绿化

(1)苗木的枝条不得出现伸出中央分隔带、烧膛、偏冠等现象。

(2)苗木应栽植整齐、竖直。

(3)不得出现缺株。

2)路侧及取、弃土场绿化

(1)苗木、草坪不得出现明显病虫害。

(2)草坪应无枯黄、无明显病虫害。

(3)草坪不得出现空白。

(4)边沟外侧绿化带、护坡道绿化带不得连续缺株4株以上(含4株)。

(5)苗木无明显的病虫害。

3)互通立交区绿化

(1)草坪应无杂草、无枯黄,无空白面积。

(2)绿地无明显的集水区。

(3)绿地草坪、树木无明显病虫害。

(4)喷灌设施应正常运转。

(5)绿化图案景观效果明显。

4)养护管理区、服务区

(1)花卉种植地、草坪应无杂草、无枯黄,无空白。

(2)绿地整洁,表面应平整,微地形整理应符合设计要求。

(3)绿地树木、花卉、草坪应无明显的病虫害。

(4)树干应与地面垂直。

5)绿化工程样板图

绿化工程样板图,如图3-47~图3-49所示。

图3-47 中央分隔带绿化

图3-48 边坡绿化及时到位

图3-49 绿化与周围环境相协调,自然美观(一)

3.6.2 外观质量施工工艺控制

(1)严格控制绿化材料的质量。按设计要求使用合格的绿化材料,保证成活率。

栽植材料应根系发达、生长茁壮、树冠饱满无偏冠、主干挺拔,分枝较低(灌木应枝条稠密)、无病虫害并符合设计规格;草本植物应耐旱力强、容易生长、蔓面大、根部发达、茎低矮、多年生,有观赏价值。

(2)在施工前应将原地面进行仔细修整,使其大面平顺、自然,线形流畅,提高整体绿化效果。

栽植和播种前应对土壤翻耕平整,草坪地翻土深度不得小于20cm,多年生木本花木翻土深度不得小于30cm,翻地深度内土壤中的混杂物,如杂草根、碎砖、石块等应加以清除。

(3)栽植的控制。

①乔木和灌木栽植时,挖掘带土球或裸根的直径严格按设计尺寸。

②在装运树木时,必须轻吊、轻放,保持树干、枝条及土球(根系)完整,并保持根部湿润。

③将树木运到栽植地点后,应及时栽植。

④树木栽植应选丰满完整面,朝向主要视线(定向),栽植深度(定高)应保持在土壤下沉后,根茎和地面等高。

⑤带土球树木栽植时,定向定高后,打开包装物,取出包装物,然后分层培土、捣实。沿树坑外缘作围堰,浇足水。

⑥大树栽植后必须单独支撑,应采取三脚架支撑,防止风吹倒斜。

⑦栽植后应适度修剪,剪去内膛的交叉枝、重叠枝、折损枝,但不宜过多修剪。

⑧草坪种植应尽量选在春、秋季。播种前浇足底水,地面平整度好,每平方米播种在20g左右,播后洒水浸透土壤,覆盖地膜,在草出土前,必须保持湿润。

⑨在施工及管护期间,不能污染路面,对施工垃圾应及时清理,做到文明施工。

(4)养护管理。

绿化工程施工后期的养护工作尤为重要,不容忽视。根据植物的生长习性,对温度、湿度、环境的适应能力,以及当地的气候条件特征,制订养护管理工作计划,强化养护管理,为植物创造适应其生存和成长的条件,充分发挥绿化植物的美化作用。

①对新栽植的树木及草皮,应根据不同种类和不同立地条件进行养护,适量灌溉,应保持土壤中有效水分。在暴雨后应尽快排除积水,以免植被水淹。

②在植被生长期,应清除对所栽植的植被有害的杂草,并适当施肥,保证植被的营养。

③为了使植被美观舒适,可以通过修剪调整树形、均衡树势、调节树木通风透光和肥水分配,促使树木生长。灌木修剪应做到使枝叶茂盛、分布匀称。

④注意对绿化植物病虫病害的防治工作。

(5)施工单位应提高绿化工程的思想意识,一项优质高速公路工程,离不开绿化工程的衬托，并且绿化工程对路基边坡的防护也起到重要作用。因此，必须加强施工单位对绿化工程的重视。

3.7 交通安全设施工程

3.7.1 外观质量控制标准

1）交通标志

（1）标志板安装后应平整，夜间在车灯照射下，标志板底色和字符应清晰明亮，颜色均匀，不应出现明暗不均的现象，不能影响标志的认读。标志板不得有明显明暗不均现象。

（2）标志反光膜采用拼接时，重叠部分不应小于5mm。当采用平接时，其间隙不应超过1mm。距标志板边缘50mm之内，不得有接缝。

（3）标志金属构件镀层应均匀、颜色一致，不允许有流挂、滴瘤或多余结块，镀件表面应无漏镀、露铁等缺陷（图3-50）。

图3-50 交通标志外观效果好，表面平整，金属构件镀层均匀、颜色一致

2）交通标线

（1）标线施工污染路面应及时清理。每处污染面积不得超过10cm^2。

（2）标线线形应流畅，与道路线形相协调，不允许出现折线，曲线圆滑（图3-51）。

（3）反光标线玻璃珠应撒布均匀，附着牢固，反光均匀。

（4）标线表面不应出现网状裂缝、断裂裂缝、起泡现象。

3）波形梁钢护栏

（1）焊接钢管的焊缝应平整，无焊渣、突起。构件镀锌层表面应均匀完整、颜色一致，表面光滑，不得有流挂、滴瘤或多余结块。镀件表面应无漏镀、露铁、擦痕等缺陷。构件镀铝层表面应连续，不得有明显影响外观质量的熔渣、色泽暗淡及假浸、漏浸等缺陷。构件涂塑层应均匀光滑、连续，无肉眼可分辨的小孔、空间、孔隙、裂缝、脱皮及其他有害缺陷。

图 3-51　交通标线线形流畅，与道路线形相协调，曲线圆滑

(2)直线段护栏不得有明显的凹凸、起伏现象，曲线段护栏应圆滑顺畅，与线形协调一致，中央分隔带开口端头护栏的抛物线形应与设计图相符。

(3)波形梁板搭接方向正确，搭接平顺，垫圈齐备，螺栓紧固(图 3-52)。

(4)防阻块、托架、端头的安装应与设计图相符，安装到位，不得有明显变形、扭转、倾斜。

(5)波形梁板和立柱不得现场焊割和钻孔。

(6)立柱及柱帽安装牢固，其顶部应无明显塌边、变形、开裂等缺陷。

4)突起路标

(1)突起路标外形应美观，尺寸符合有关规范要求，表面光滑，不得有尖角、毛刺存在，表面无明显的划伤、裂纹。

(2)突起路标纵向安装应成直线，不得出现折线。曲线段的突起路标应与道路曲线相吻合，线形圆滑、顺畅(图 3-53)。

(3)突起路标黏结剂不得造成路面污染。

图 3-52　波形梁护栏搭接平顺

图 3-53　突起路标夜间反光明亮，效果好

5）轮廓标

（1）轮廓标不应有明显的划伤、裂纹、损边、掉角等缺陷。表面应平整光滑，无明显凹痕或变形。

（2）轮廓标安装牢固，线形顺畅。

（3）柱式轮廓标的垂直度不超过 ±8mm/m。

6）防眩板

（1）防眩板表面不得有气泡、裂纹、疤痕、端面分层等缺陷。

（2）防眩设施色泽均匀。

（3）线形顶齐侧顺，不得出线折线（图 3-54）。

7）隔离栅

（1）电焊网不得脱焊、虚焊。

（2）镀锌层表面应具有均匀完整的锌层，颜色一致，表面光滑，不允许有流挂、滴瘤或多余结块。镀件表面应无漏镀、露铁等缺陷。涂塑层应均匀光滑、连续，无肉眼可分辨的小孔、空间、孔隙、裂缝、脱皮及其他有害缺陷。

（3）混凝土立柱应密实平整，无裂缝、翘曲、蜂窝、麻面等缺陷。

（4）有框架的隔离栅和防落网，网片应与框架焊牢，网片拉紧。整网铺设的隔离栅，端柱与网连接牢固，网面平整绷紧。刺铁丝间距符合设计要求，刺线平直、绷紧。

（5）隔离栅安装位置应符合设计规定。安装线形整体顺畅，并与地形相协调。围封严实，安装牢固（图 3-55）。

图 3-54 防眩板整体效果好，色泽均匀，沿道路方向线形流畅

图 3-55 隔离栅外观效果好，整体协调

3.7.2 外观质量施工工艺控制措施

1）交通标志施工工艺控制

（1）交通标志基础施工。

①施工前，必须按设计图纸及现场交底的控制桩点进行标志基础位置复测，并按施

工需要放线，应避开可能造成视线阻碍的构造物、高压线等，注意控制基础高程。浇筑混凝土基础应按图纸要求立模、配筋，回填土应分层夯实再做平台。

②钢筋排列的形状、各部件尺寸应符合图纸要求，钢筋纵横交叉处应采用直径为1.2mm或1.0mm的铁丝绑扎牢固，不滑动、不遗漏。板与混凝土的接触面应平整，边缘整齐、拼缝紧密牢固。预留孔洞位置准确，尺寸符合图纸要求。

③法兰盘的安放位置应符合图纸要求。在浇灌混凝土时振捣密实，不得出现跑模、漏浆等现象，并注意定位法兰盘与基础对中、顶面水平，地脚螺栓外露长度、油纸保护；底座顶面抹平，所有外露边缘要修抹整齐、混凝土颜色一致。浇筑完成后注意养护。

(2)支柱的制作与施工。

立柱所有钢板、角钢及槽钢应符合相关技术规范要求。所用立柱必须完整，原则上不允许对焊拼接，若采用，必须经工程师同意，且焊接必须经无损探伤检测达到二级标准以上。

(3)标志的制作与安装。

①标志板的形状、尺寸应符合图纸要求。标志板的裁剪、切割、卷边，保证边缘光洁、方正。标志板面应无裂缝或其他表面缺陷；标志板边缘应整齐、光滑；标志板应平整，表面无明显皱纹、凹痕或变形，每平方米范围内的平整度公差不应大于1.0mm。

③大型指路标志最多只能分割成4块，并应尽可能减少分块数量。标志板的拼接应采用对接，接缝的最大间隙为1mm。所有接缝应用背衬加强，背衬与标志板铆接，铆钉的最大间距应小于200mm，背衬的最小宽度为50mm，背衬的材料与板面材料相同。标志板正面应清洁，用脱脂剂进行防腐处理，表面光滑平整。

③金属切割：铝合金标志板的制作应根据标志尺寸进行剪、切或焊接、铆接，并根据要求冲圆角和冲孔。这些工序须在贴反光膜前完成。剪切边缘应平滑，冲孔位置正确、圆滑，防止划痕和扭曲变形。

④对所有连接件及配件均应进行热镀锌处理。

⑤标志板表面采用图纸规定的反光薄膜，其表面平整，不得产生任何隆起或损坏。标志板面的颜色、图案、文字符合图纸及规范要求。

⑥粘贴反光膜时，不允许采用手工操作或用溶剂激活粘贴剂。在标志面的最外层可涂保护层，如透明涂料。标志面无面积大于1mm^{2}气泡，且在任何一处面积为10cm×10cm的范围内，无2个(含2个)以上气泡。

⑦反光膜应尽可能减少拼接，当粘贴反光膜不可避免出现接缝时，应使用反光膜产品的最大宽度进行拼接，接缝以搭接为主。距标志板边缘50mm之内，不得有拼接。反光膜粘贴在挤压型材板面上，伸出上、下边缘的最小宽度为8mm，且应紧密地粘贴在上、下边缘上。

2)交通标线施工工艺控制

(1)路面清理:在施工前应先对路面进行人工清理,再用森林灭火机吹扫路面,路面清扫必须干净,无尘土。

(2)测量放样:在路面干净的条件下,按照设计图纸进行打点放样,然后用清晰的乳胶材料用划线车同时放出车道边缘线以及车道分界线的水线,检查无误后再进行标线的施划工作。

(3)标线的施划:

①在清晰的水线一侧喷涂相对应的底漆,使标线与路面更好地粘牢。

②控制流量,正式施划,在车道分界线及断开处粘贴不易燃烧的胶带纸,以便使其段落效果分明,尺寸标准。

③标线的端线与边线应垂直,误差不大于 ±5°。其他特殊标线,其角度与设计值不得大于 ±3°。

④车行道边缘线、车行道分界线、警告线标线图层厚度为 2mm;表面玻璃微珠应分布均匀,划出的标线应有良好的视觉性,宽度一致,间距相等,边缘线整齐,线形顺直流畅,反光效果好,与路面结合牢固。

(4)清理:在施工过程中,边施划、边清理,做到无抛、洒、滴、漏,无污染,机械设备无漏油漏水现象。施工队伍施划一段标线、清理一段路面,保持路面清洁,不污染不损坏。

3)护栏施工工艺控制

(1)钢护栏立柱放样。

①立柱应根据设计图纸进行放样,并以通道、涵洞、平交等为控制点,进行测距定位,可利用调整段调节间距,并利用分配方法处理间距零头数。

②为准确放样和保证护栏的线形,隔断应进行桩号复核与闭合。

③立柱放样后,应调查每根立柱位置的地表状态,如遇地下通信管线、泄水等,或涵洞顶部埋深不足时,应调整某些立柱的位置,改变立柱固定方式。

(2)钢护栏立柱安装。

①应根据设计图纸进行立柱钻孔,并检查使之与道路线形协调。

②如路肩基本情况允许,采用打入法设置立柱,施工时应精确定位,立柱打入土中应至设计深度,当打入过深时,不得只将立柱部分拔出加以矫正,而需将其全部拔出,待基础压实后重新打入。

③立柱打入困难时,可采用钻孔法或开挖法安装立柱。采用钻孔法安装,立柱定位后应用路基相同的材料回填,并分层夯实;采用开挖法埋设立柱,回填土应采用良好的材料分层夯实(每层厚度不超过 15cm),回填土的压实度不应小于相邻原状土。

④设置于构造物中的护栏立柱,混凝土基础一般在结构物施工时做好。采用预留

孔基础时，应先清除孔内杂物，吸干孔内积水，将化好的沥青在孔底涂刷一遍，然后放入立柱，控制好高程，即可在立柱周围注砂。在灌砂时一定要保持立柱的正确位置和垂直度。振实砂后，即可用沥青封口，防止雨水漏入孔内。

⑤立柱施工时，柱坑从路基到面层下5cm采用与路基相同的材料回填并分层夯实，余下部分采用与路面相同材料回填夯实。

⑥立柱安装完成后，其水平方向和竖直方向形成平顺的线形。

⑦渐变段的端护栏施工时，应按设计规定的坐标严格控制其立柱位置，注意抛物线形。

(3)波形梁安装。

①波形梁安装时，通过拼接螺栓相互拼接，并由连接螺栓固定于立柱或横梁上。波形梁拼接方向是安装的关键，施工时应保证搭接方向与行车方向一致。

②在安装波形梁过程中应不断进行调整，一次连接螺栓及拼接螺栓不宜过早拧紧，以便在安装过程中利用波形梁的长圆孔及时进行调整，使其形成平顺的线形，避免局部凹凸。

③安装时，顶面应与道路竖曲线相协调，并检查护栏的线形，当确定线形比较顺直和流畅时，方可最后拧紧螺栓。

(4)防阻块的安装。

防阻块能防止立柱阻拦车轮，避免护栏局部受力和碰撞时车辆减速，因此，应保证使其准确就位。在安装调整之前，即可安装防阻块，防阻块通过连接螺栓固定于立柱之间，最后把波形梁装上进行统一调整。

(5)波形梁钢护栏起、终端头安装。

侧护栏开口处应安装端头梁并进行锚固。端头锚固主要包括钢丝绳及混凝土基础。在端部基础混凝土达到设计强度50%以后，方可拧紧螺栓。

(6)活动式钢护栏安装。

活动式钢护栏设置在中央分隔带开口处，其安装是在波形梁钢护栏安装完成后进行。在施工安装前应根据设计文件要求，对活动式钢护栏的安装位置、数量进行核对；按照确定的位置进行安装，安装时应使其垂直于地面，纵向线形平顺，不得有凹凸和扭曲。基座套管是提前预埋的，安装后应测试是否易于拔出及重新插入。

4)突起路标施工工艺控制。

(1)施工前，路面面层必须保持干燥清洁、无杂屑。

(2)必须按设计图纸确定突起路标的安装位置。在安装突起路标时，必须保证各位置纵向在一条直线上，同时横向左右对齐。

(3)用直径为16mm的电锤钻孔，孔的深度大于路标的钉脚高度1cm，钻孔完成后必须将钻出的浮灰吹干净。

(4)胶的配比为:环氧树脂和固化剂的配比为1:1,然后加10% ~30%的水泥作填充剂。每一次拌胶大约为3kg,胶体要搅拌均匀,色泽一致。

(5)安装时,用胶要适中,既粘牢路标底面,又不要溢出太多,否则易弄脏反射器;反射器前部如有胶溢出,应小心刮去,粘好后左右转动两下,以便胶能更均匀地粘贴底面和道钉体。

(6)胶的凝固时间为4h,4h内应封闭路段,保证车辆不压到路标,避免对路标造成损害。

5)轮廓标的施工工艺控制

(1)柱式轮廓标。

①测量放样:采用全站仪对柱式轮廓标基础进行总体定位,已施工路缘石的路段可采用量距定位,根据设计尺寸确定基础开挖深度及开挖边线,并撒白灰线做标识。

②基础开挖:人工开挖基础,采用土模施工时,开挖深度要大于设计宽度2cm左右;用打夯机或其他小型夯实机具对基底进行夯实;基底处理完毕后,应对基底高程进行复测,保证高程与设计相符。

③固定主体。

a. 首先加工柱式轮廓标立柱的固定支架。

b. 安放固定支架,调整线形。

c. 插入玻璃钢立柱,调整角度,拧紧紧固螺钉。

d. 主体要垂直于水平面,三角形主体的顶角平分线要垂直于公路中心线。

④浇筑基础混凝土:人工配合溜槽注入混凝土,插入振捣器振捣,最后找平收光并洒水养护。

⑤粘贴反射片、百米牌:在轮廓标上贴反射片,沿着行车方向,左黄右白;百米牌应粘贴在车行道右侧轮廓标上。

(2)附着式(桥式)轮廓标。

①测量放样:在桥梁混凝土护栏上,采用量距定位法确定轮廓标位置。

②电钻打眼:人工用冲击电钻在确定的轮廓标位置打眼。

③安装膨胀螺栓及轮廓标:将轮廓标的插槽或预留孔套入膨胀螺栓,拧紧螺母。

④顺着行车方向,粘贴反射片、百米牌。

6)防眩板施工工艺控制

(1)路基段防眩板。

①测量放样:采用量距定位法对防眩板基础进行定位;用盒尺横向量测两护栏柱的距离并取中,确定路面中心线;纵向用钢尺按设计步距量测;纵横线交叉点即为基础中

心。根据设计尺寸确定基础开挖深度及开挖边线，并撒白灰线做标识。

②基础开挖。

a. 人工用风镐按开挖深度和宽度破除路面结构层，并用十字镐、铁锹进行修整。

b. 由测量队检查基槽尺寸，合格后，进入下道工序。

③浇筑基础混凝土：人工配合溜槽注入混凝土，插入式振捣器插捣，预埋地脚螺栓，最后找平收光并洒水养护。

④连接防眩支柱：将支柱法兰盘螺栓孔套入地脚螺栓，加上垫片，拧紧螺母。

⑤安装连接槽钢：用固定螺栓将连接槽钢（支撑梁）与防眩板支柱接头钢板连接固定。

⑥安装防眩板：将防眩板与支撑梁预留孔对齐，插入螺栓，加上垫片，套入螺母并拧紧。

（2）桥涵防眩板。

①测量放样：桥的防眩板安装在混凝土护栏侧壁上，小桥、明涵、通道防眩板安装在护栏基座上。采用量距定位法对防眩板基础进行定位。

②电钻打眼：用冲击电钻在确定的位置上打眼。

③将设有预留孔的支架钢板套入膨胀螺栓，拧紧螺母。

④安装防眩板：将防眩板与支架槽钢预留孔对齐，插入螺栓，加上半圆垫片，套入螺母并拧紧。

7）隔离栅施工工艺控制

（1）测量放样。

①对于地面起伏较大地段，要对场地进行修整，从合理安排施工的角度考虑，可先进行路容整修，包括导流坝的修整。路容修整应先进行横向处理，路基刷坡、坡脚整平，再使用平地机进行纵向清理，做到线形平顺，一般按20m一段；地面较平坦段在保证线形美观的情况下，按一定的纵坡每40m一段进行平整。

②按照图纸要求及实际地形、地物情况采用量距定位法（使用木工角尺）进行施工放样，在用地界内返50cm处放样拉线，撒灰线，定出立柱中心线。

③以桥梁或涵洞封闭端与正常段连接处为标志，按照图纸要求首先确定第一个基础位置，然后按照相邻两基础中心距离为2.5m的原则，依次类推进行基础位置确定。每个基础均按照现场实际调整后的坡度，确定其高程。

④根据设计尺寸确定基础开挖深度及开挖边线，并撒白灰线做标识。

（2）开挖基坑。

采用小型挖机开挖基坑，当基坑开挖到设计深度后，用十字镐、铁锹进行修整并将基地整平清净。

(3)基础安装。

①对运输至现场后的预制基础进行安装,并用木工角尺校正基础中心位置,相邻两基础中心距离应为2.5m。

②按照安装原则正常每隔2.5m安装基础Ⅰ,直线段每隔20m设置基础Ⅱ,每隔100m设置基础Ⅲ和基础Ⅳ,相邻两个基础Ⅲ和基础Ⅳ之间,间距40m或60m。凡拐角、端头处均设置基础Ⅳ。

③按照每20m一段先安装两端基准基础,然后在两端挂线安装中间基础。

④基础安装后再次检查水平及中心位置,埋设深度确保不高于原地面,无误后对四周进行回填夯实,保证其牢固,纵向线形美观,坡度顺畅。

(4)埋设立柱。

①在埋设完基础后,应立即进行立柱的安装,立柱高度为180cm,保证立柱嵌入基础深度不小于25cm。立柱安装完成后检查相邻立柱中距,应在设计±30mm的范围内,立柱竖直度应在±5mm/m的范围内。

②以20m一段先埋两端的基准立柱,然后在立柱顶端及侧底部挂线埋设中间立柱,保证立柱轴线在一条直线上,不得有凹凸现象;立柱顶平顺,不得有参差不齐现象。

③采用卡具及水平尺、铅垂等工具逐桩校正立柱的竖直度、间距,无误后,对基础预埋孔浇筑混凝土,浇筑时要对混凝土进行钢钎插捣,顶面必须与基础顶面平齐,并进行收光、覆盖细粒土自然养护。

(5)挂刺铁丝及网片安装。

①在立柱基础预埋孔混凝土达到设计强度70%后,方可进行刺铁丝挂设。

②对刺铁丝要求:刺铁丝应为双股带刺镀锌低碳丝,股线采用2根12号钢丝,刺线采用14号钢丝,刺间距为102mm,刺节有4个刺,刺行直尖,刺长为(16±3)mm,刺线绕缠1.5圈,捻扎牢固,刺形均匀。

③刺铁丝安装:刺铁丝挂设时,采用紧绳器或其他专用工具把刺铁丝拉紧到立柱预埋钢筋处,然后立即用铁锤将立柱上预埋钢筋打弯,使刺铁丝绷紧、牢固。

④刺铁丝间距应符合设计要求,刺线平直、绷紧,安装线形整体顺畅并与地形相协调。

⑤网片安装。

a.网片为框架式结构,由厂家统一订购。地面坡度较大时,还需按坡度定制相同角度的斜网,框架与立柱均设有连接片。

b.将框架与立柱的连接片相互叠加并使螺栓孔对齐后,插入螺栓,拧紧螺母。

c.所有的网片及铁丝均应绷紧不变形,其安装高度应符合图纸规定。

4 外观质量管理措施

(1)为使工程外观质量得到有效保证,业主应建立工程外观质量考核评比制度,业主或监理单位应不定期组织各部门、各施工单位进行工程外观质量大检查,对工程外观质量进行综合评定评分,对施工单位进行奖励、表彰和通报。

(2)为确保工程外观质量能得到有效控制,监理单位应强化外观质量工作的管理力度,建立并完善工地巡查制度,促使每一个施工者和管理者严格执行规范、标准,消除和杜绝质量通病。

(3)在工地巡查过程中发现不按设计、规范标准施工的行为,或存在外观质量问题,监理单位应指令施工单位在规定的期限内完成整改,且整改结果必须符合要求。

(4)施工单位违反规定,造成工程外观质量不合格,由此所造成的一切损失由施工单位承担。

(5)在检查中对发现的不合规的质量问题将给予严肃处理;对于外观质量良好的,将作为标杆工程进行推广,并给予表彰,充分调动施工单位的积极性和主动性,确保外观质量得到保证。

参 考 文 献

[1] 中华人民共和国行业标准. JTG F80/1—2017 公路工程质量检验评定标准第一册 土建工程[S]. 北京:人民交通出版社股份有限公司,2017.

[2] 中华人民共和国行业标准. JTG F10—2006 公路路基施工技术规范[S]. 北京:人民交通出版社,2006.

[3] 中华人民共和国行业标准. JTG/T F20—2015 公路路面基层施工技术细则[S]. 北京:人民交通出版社股份有限公司,2015.

[4] 中华人民共和国行业标准. JTG F10—2004 公路沥青路面施工技术规范[S]. 北京:人民交通出版社,2004.

[5] 中华人民共和国行业标准. JTG/T F50—2011 公路桥涵施工技术规范[S]. 北京:人民交通出版社股份有限公司,2015.

[6] 中华人民共和国行业标准. JTG F60—2009 公路隧道施工技术规范[S]. 北京:人民交通出版社股份有限公司,2015.